Maajii-gikinoo'amaagozim

Katie Peters

Gaa-anishinaabewisidood
Chato Ombishkebines Gonzalez

Lerner Publications ◆ Gakaabikaang

Ogii-anishinaabewisidoon a'aw Chato Ombishkebines Gonzalez

Odibendaan Lerner Publications, Lerner Publishing Group, Inc.
241 First Avenue North
Gakaabikaang 55401 USA

Nanda-mikan nawaj mazina'iganan imaa www.lernerbooks.com.

Memphis Pro izhinikaade yo'ow dinowa ezhibii'igaadeg.
Linotype ogii-michi-giizhitoon yo'ow dinowa ezhibii'igaadeg.

Nimbagidinigonaanig da-aabajitooyaang onow mazinaakizonan omaa mazina'iganing ingiw: © artisteer/iStockphoto, p. 3; © kali9/iStockphoto, pp. 4–5; © monkeybusinessimages/iStockphoto, pp. 6–7, 10–11, 14–15, 16 (book, bus); © FatCamera/iStockphoto, pp. 8–9; © SDI Productions/iStockphoto, pp. 12–13, 16 (pencil).

Badagwaniigin: © shaunl/iStockphoto

Library of Congress Cataloging-in-Publication Data

The Cataloging-in-Publication Data for the English version of *Ready for School* is on file at the Library of Congress

ISBN 978-1-7284-9129-5 (lib. bdg.)
ISBN 978-1-7284-9803-4 (epub)

Nanda-mikan yo'ow mazina'igan imaa https://lccn.loc.gov/2022033547
Nanda-mikan yo'ow waasamoo-mazina'igan imaa https://lccn.loc.gov/2022033548

Gii-ozhichigaade Gichi-mookomaan-akiing
1-1010580-53587-3/21/2024

Ezhisijigaadeg yo'ow Mazina'igan

Maajii-gikinoo'amaagozim..... 4

Gigii-waabandaanan ina? ... 16

Ikidowinan.................... 16

Maajii-gikinoo'amaagozim

Gikinoo'amaadiiwidaabaaning gibooziimin.
Ginagadenimaanaan a'aw bimiwizhiwewinini.

Gikinoo'amaadiiwigamigong gidizhaamin.
Ginagadenimaanaan a'aw gikinoo'amaagewikwe.

Gidagindaasomin.

Gidoozhibii'igemin.

Agwajiing gidazhitaamin.

Giwiiji'idimin!

Gidoozhiitaa na da-gikinoo'amaagoziyan?

Gigii-waabandaanan ina?

gikinoo'amaadiiwidaabaan

mazina'igan

ozhibii'iganaatig

Ikidowinan

agindaaso, 11

gikinoo'amaadiiwidaabaan, 7

gikinoo'amaadiiwigamig, 9

gikinoo'amaagewikwe, 9

ozhibii'ige, 13

Maajii-gikinoo'amaagozim

dagwaagig.